浙江省地方标准

公路沥青路面超薄磨耗层施工技术规范

Technical specification for construction of ultra-thin friction course of bituminous pavement

DB 33/T 2113—2018

主编单位:浙江顺畅高等级公路养护有限公司
批准部门:浙江省质量技术监督局
实施日期:2018 年 05 月 12 日

人民交通出版社股份有限公司

图书在版编目(CIP)数据

公路沥青路面超薄磨耗层施工技术规范 / 浙江顺畅高等级公路养护有限公司主编. — 北京 : 人民交通出版社股份有限公司, 2018.7

ISBN 978-7-114-14896-5

Ⅰ. ①公… Ⅱ. ①浙… Ⅲ. ①沥青路面—路面面层—路面施工—技术规范 Ⅳ. ①U416.217-65

中国版本图书馆 CIP 数据核字(2018)第 165307 号

书　　名: 公路沥青路面超薄磨耗层施工技术规范
著 作 者: 浙江顺畅高等级公路养护有限公司
责任编辑: 黎小东
责任校对: 刘　芹
责任印制: 张　凯
出版发行: 人民交通出版社股份有限公司
地　　址: (100011)北京市朝阳区安定门外外馆斜街 3 号
网　　址: http://www.ccpress.com.cn
销售电话: (010)59757973
总 经 销: 人民交通出版社股份有限公司发行部
经　　销: 各地新华书店
印　　刷: 北京市密东印刷有限公司
开　　本: 880×1230　1/16
印　　张: 2.5
字　　数: 63 千
版　　次: 2018 年 7 月　第 1 版
印　　次: 2018 年 7 月　第 1 次印刷
书　　号: ISBN 978-7-114-14896-5
定　　价: 40.00 元

目　次

前　　言

本标准依据 GB/T 1.1—2009 给出的规则起草。

请注意本标准的某些内容可能涉及专利,本标准的发布机构不承担识别这些专利的责任。

本标准由浙江省交通运输厅提出并归口。

本标准起草单位:浙江顺畅高等级公路养护有限公司。

本标准主要起草人:张中平、单岗、刘燕燕、周奇、郝金海、王涛利、裘秋波、熊分清、曹根富、龙森、杜春平、王侠伟、董海东、麻旭荣、唐惠新、郑忠洪、龚卫华、纪文强、胡雄武、胡恩深、朱稠丹、何如宋、刘仙标、岳林海、斯潞汀。

公路沥青路面超薄磨耗层施工技术规范

1 范围

本标准规定了公路沥青路面超薄磨耗层的基本要求，以及材料、配合比设计、施工和质量检验与评定等技术要求。

本标准适用于公路沥青路面超薄磨耗层的施工和质量检验与评定。

2 规范性引用文件

下列文件对于本文件的应用是必不可少的。凡是注日期的引用文件，仅注日期的版本适用于本文件。凡是不注日期的引用文件，其最新版本（包括所有的修改单）适用于本文件。

JTG E20—2011 公路工程沥青及沥青混合料试验规程

JTG E42—2005 公路工程集料试验规程

JTG F40—2004 公路沥青路面施工技术规范

JTG F80/1—2017 公路工程质量检验评定标准

JTG H30—2015 公路养护安全作业规程

JT/T 819—2011 公路工程水泥混凝土用机制砂

3 术语和定义

JT/T 819—2011、JTG E42—2005 界定的以及下列术语和定义适用于本文件。

3.1

超薄磨耗层 ultra-thin friction course

采用专用机械设备将改性乳化沥青和间断开级配（设计空隙率大于 10%）的热拌改性沥青混合料同步铺筑、碾压成型，厚度为 10mm ~ 25mm 的沥青混凝土路面表面层。代号为 UTFC。

3.2

机制砂 crushed sand

经除土开采、机械破碎、筛分制成的粒径在 4.75mm 以下的岩石颗粒。

注：不包括软质岩、风化岩的颗粒。

4 基本要求

4.1 超薄磨耗层路面根据设计厚度可分为 UTFC-Ⅰ型（10mm ~ 15mm）、UTFC-Ⅱ型（15mm ~ 20mm）和 UTFC-Ⅲ型（20mm ~ 25mm）。

4.2 施工前应充分熟悉设计文件要求，根据超薄磨耗层技术的特点，编制详细的实施性施工组织设计，并按规定报批。

4.3 施工所使用的材料、设备应符合设计要求，并按规定进行验收和质量检验。

4.4 施工环境温度应不低于 10℃，不应在雨天施工，已摊铺的沥青层因遇雨未进行压实的应铲除废弃。

4.5　超薄磨耗层路面应连续施工，避免与可能污染沥青层的其他工序交叉干扰，造成施工和运输污染。

4.6　除应符合本标准的规定外，还应符合国家、地方颁布的现行有关标准、规范的相关规定。

5　材料

5.1　一般规定

5.1.1　超薄磨耗层路面所用集料的选择应经过认真的料源调查，宜就地取材。

5.1.2　超薄磨耗层路面使用的各种材料运至现场后，应按批取样进行质量检验，经检测合格后方可使用，不应以供应商提供的检测报告或商检报告代替现场检验。沥青每检验批不大于100t，2.36mm以上粗集料每检验批不大于1000m^3，2.36mm以下规格集料每检验批不大于300m^3。

5.1.3　集料粒径规格以方孔筛为准。

5.2　改性沥青

超薄磨耗层混合料用沥青胶结料应采用聚合物改性沥青，其质量应符合表1的技术要求。

表1　聚合物改性沥青技术要求

<table>
<tr><th colspan="2">试验项目</th><th>单位</th><th>技术要求</th><th>试验方法</th></tr>
<tr><td colspan="2">针入度(25℃,100g,5s)</td><td>0.1mm</td><td>40～60</td><td>T 0604</td></tr>
<tr><td colspan="2">针入度指数PI,不小于</td><td>—</td><td>0</td><td>T 0604</td></tr>
<tr><td colspan="2">延度(5℃,5cm/min),不小于</td><td>cm</td><td>20</td><td>T 0605</td></tr>
<tr><td colspan="2">软化点 $T_{R\&B}$,不小于</td><td>℃</td><td>75</td><td>T 0606</td></tr>
<tr><td colspan="2">运动黏度(135℃),不大于</td><td>Pa·s</td><td>3</td><td>T 0620</td></tr>
<tr><td colspan="2">闪点,不小于</td><td>℃</td><td>230</td><td>T 0611</td></tr>
<tr><td colspan="2">溶解度,不小于</td><td>%</td><td>99</td><td>T 0607</td></tr>
<tr><td colspan="2">弹性恢复(25℃),不小于</td><td>%</td><td>90</td><td>T 0662</td></tr>
<tr><td colspan="2">离析,48h软化点差,不大于</td><td>℃</td><td>2</td><td>T 0661</td></tr>
<tr><td rowspan="3">沥青薄膜加热试验TFOT(或旋转薄膜加热试验RTFOT)后残留物</td><td>质量变化,不大于</td><td>%</td><td>±1.0</td><td>T 0610或T 0609</td></tr>
<tr><td>针入度比(25℃),不小于</td><td>%</td><td>65</td><td>T 0604</td></tr>
<tr><td>延度(5℃,5cm/min),不小于</td><td>cm</td><td>15</td><td>T 0605</td></tr>
</table>

5.3　改性乳化沥青

应采用PCR快裂型改性乳化沥青，其技术要求应符合表2的规定。

表2　改性乳化沥青技术要求

试验项目	单位	技术要求	试验方法
破乳速度	—	快裂	T 0658
粒子电荷	—	阳离子(+)	T 0653
筛上剩余量(1.18mm筛),不大于	%	0.05	T 0652

表2 改性乳化沥青技术要求(续)

试验项目		单位	技术要求	试验方法
黏度	恩格拉黏度 E_{25}	—	6~28	T 0622
	沥青标准黏度 $C_{25.3}$	s	10~60	T 0623
蒸发残留物	残留分含量,不小于	%	65	T 0651
	针入度(100g,25℃,5s)	0.1mm	60~150	T 0604
	软化点,不小于	℃	55	T 0606
	延度(5℃,5cm/min),不小于	cm	20	T 0605
	溶解度(三氯乙烯),不小于	%	97.5	T 0607
	弹性恢复(10℃),不小于	%	60	T 0662
储存稳定性	1d,不大于	%	1	T 0655
	5d,不大于	%	5	

5.4 粗集料

5.4.1 粗集料应采用质地坚硬、表面粗糙、形状接近立方体的破碎石料,应优先选用玄武岩等基性或强基性石料。
5.4.2 为确保沥青路面的粗集料具有良好的颗粒形状,生产粗集料时应采用反击式破碎机破碎。
5.4.3 粗集料的质量应符合表3的要求。

表3 粗集料质量要求

试验项目		单位	技术要求	试验方法
石料压碎值,不大于		%	26	T 0316
洛杉矶磨耗损失,不大于		%	15	T 0317
表观相对密度,不小于		—	2.60	T 0304
吸水率,不大于		%	2.0	T 0304
坚固性,不大于		%	12	T 0314
磨光值 PSV,不小于		—	42	T 0321
针片状颗粒含量	混合料,不大于	%	12	T 0312
	其中粒径大于9.5mm,不大于	%	10	
	其中粒径小于9.5mm,不大于	%	15	
水洗法 <0.075mm 颗粒含量,不大于		%	0.8	T 0310
软石含量,不大于		%	2.5	T 0320
与沥青黏附性		级	5	T 0616
破碎面	1个	%	100	T 0346

5.4.4 粗集料的规格应符合表4的要求。

表4 粗集料规格要求

路面型号	公称粒径(mm)	通过下列筛孔(mm)的质量百分率(%)						
		16.0	13.2	9.5	6.3	4.75	2.36	1.18
UTFC-Ⅰ型	3~5	—	—	—	100	90~100	0~5	—
	5~8	—	—	100	80~100	0~15	—	—
UTFC-Ⅱ型	5~10	—	100	80~100	10~25	0~5	—	—
UTFC-Ⅲ型	5~10	—	100	90~100	15~30	0~5	—	—
	10~15	100	90~100	0~15	0~5	—	—	—

5.5 细集料

5.5.1 细集料宜采用机制砂或石屑。细集料应洁净、干燥、无风化、无杂质,有适当的颗粒级配,并且与沥青有良好的黏结能力。

5.5.2 细集料的质量应符合表5的要求。

表5 细集料质量要求

试验项目	单位	技术要求	试验方法
表观相对密度,不小于	—	2.50	T 0328
坚固性(>0.3mm部分),不大于	%	12	T 0340
含泥量(<0.075mm的含量),不大于	%	3	T 0333
砂当量,不小于	%	60	T 0334
亚甲蓝值,不大于	g/kg	2.5	T 0349
棱角性(流动时间),不小于	s	30	T 0345

5.5.3 细集料的规格应符合表6的要求。

表6 细集料规格要求

公称粒径(mm)	通过下列筛孔(mm)的质量百分率(%)						
	4.75	2.36	1.18	0.6	0.3	0.15	0.075
0~3	100	80~100	50~80	25~60	8~45	0~25	0~15

5.6 填料

5.6.1 矿粉应采用石灰岩或岩浆岩中的强基性岩石等憎水性石料经磨细得到的矿粉,原石料中的泥土杂质应除净。矿粉应干燥、洁净,能自由地从矿料仓流出。

5.6.2 超薄磨耗层混合料不应使用回收的粉尘,矿粉的质量应符合表7的要求。

表7 矿粉质量要求

试验项目		单位	技术要求	试验方法
表观密度,不小于		t/m^3	2.50	T 0352
含水率,不大于		%	1	T 0103
粒度范围	<0.6mm	%	100	T 0351
	<0.15mm	%	90~100	
	<0.075mm	%	75~100	
外观		—	无团粒结块	—
亲水系数,小于		—	1	T 0353
塑性指数,小于		%	4	T 0354
加热安定性		—	实测记录	T 0355

6 配合比设计

6.1 一般规定

6.1.1 应充分考虑使用要求、原路面状况、交通量、气候条件等因素,在对同类公路配合比设计和适用情况调查研究的基础上,充分借鉴成功经验,选用符合要求的材料,进行配合比设计。

6.1.2 应包括目标配合比设计、生产配合比设计以及生产配合比验证三阶段,确定矿料级配及最佳沥青用量,并进行相关性能验证。

6.1.3 混合料配合比宜采用马歇尔试验方法进行设计。

6.1.4 混合料配合比设计各项技术指标应符合表8的要求。

表8 混合料马歇尔配合比设计技术要求

试验项目		单位	技术标准	试验方法
击实次数(双面)		—	两面击实50次	T 0702
试件尺寸		mm	ϕ101.6×63.5	T 0702
空隙率VV,不小于		%	10	T 0708
矿料间隙率VMA,不小于		%	20	T 0705
沥青饱和度VFA	UTFC-Ⅰ型	%	25~50	T 0705
	UTFC-Ⅱ型		25~50	
	UTFC-Ⅲ型		35~55	
稳定度,不小于		kN	6	T 0709
理论最大相对密度		—	实测值	T 0711
谢伦堡沥青析漏试验结合料损失,不大于		%	0.1	T 0732
肯塔堡飞散试验混合料损失,不大于		%	15	T 0733
沥青膜厚度h,不小于		μm	9	计算法,见本标准式(2)

6.2 设计要求

6.2.1 混合料的设计级配范围应符合表9的要求。

表9 混合料矿料级配范围

级配类型	通过下列筛孔(mm)的质量百分率(%)										
	16	13.2	9.5	6.3	4.75	2.36	1.18	0.6	0.3	0.15	0.075
UTFC-Ⅰ型	—	—	100	80~100	40~55	20~30	15~25	8~16	6~12	5~10	4~7
UTFC-Ⅱ型	—	100	80~100	30~45	20~35	18~30	10~22	6~16	5~12	4~10	4~7
UTFC-Ⅲ型	100	85~100	60~80	30~45	20~35	18~30	10~22	6~16	5~12	4~10	4~7

6.2.2 混合料水稳定性检验应符合表10的要求。

表10 混合料水稳定性检验技术要求

试验项目		单位	技术标准	试验方法
水稳定性	浸水马歇尔试验残留稳定度,不小于	%	85	T 0709
	冻融劈裂试验的残留强度比,不小于	%	80	T 0729

6.3 目标配合比设计

6.3.1 目标配合比设计的试验方法应按照 JTG F40—2004 附录 B“热拌沥青混合料配合比设计方法”图 B.1.3 流程及相关要求进行设计。

6.3.2 级配设计时应采用3组不同的初选集料级配,初选集料级配应以2.36mm筛孔通过百分率处于设计级配范围中值上下一定范围进行选择和调整。矿料级配曲线应顺滑,且在0.3mm~0.6mm范围内不出现“驼峰”,当调整无法达到要求的应及时更换材料重新设计。

6.3.3 超薄磨耗层混合料的配合比设计采用马歇尔试件的体积设计方法,以空隙率作为配合比设计的主要指标,并验算沥青膜厚度。

6.3.4 按照式(1)计算集料的表面积 A,按照式(2)计算沥青膜厚度 h。

$$A=\frac{2+0.02a+0.04b+0.08c+0.14d+0.3e+0.6f+1.6g}{48.74} \tag{1}$$

$$h=\frac{P_b}{A} \tag{2}$$

式中:A——集料的总表面积;

a——4.75mm 筛孔的通过百分率(%);

b——2.36mm 筛孔的通过百分率(%);

c——1.18mm 筛孔的通过百分率(%);

d——0.6mm 筛孔的通过百分率(%);

e——0.3mm 筛孔的通过百分率(%);

f——0.15mm 筛孔的通过百分率(%);

g——0.075mm 筛孔的通过百分率(%);

h——沥青膜厚度(μm);

P_b——沥青用量(%)。

6.3.5 超薄磨耗层混合料配合比设计后，应按表 8 和表 10 的要求进行各项试验。当各项性能指标符合要求时，沥青用量 P_b 应作为目标配合比最佳沥青用量(OAC)。

6.4 生产配合比设计

6.4.1 生产配合比应以原材料通过间歇式拌和机二次筛分后从热料仓取样的材料为基础进行设计，以目标配合比确定的级配为目标级配进行级配设计，确定各热料仓的比例，生产配合比设计确定的各热料仓的供料比例应大体平衡。

6.4.2 沥青用量的确定应以目标配合比设计的最佳沥青用量 OAC、OAC ±0.3% 等 3 个沥青用量进行马歇尔试验和试拌，通过室内试验及从拌和机取样试验综合确定生产配合比的最佳沥青用量，由此确定的最佳沥青用量与目标配合比设计结果的差值不宜大于 ±0.2 个百分点。

6.5 生产配合比验证

6.5.1 拌和机按照生产配合比结果进行试拌、铺筑试验段，并取样进行马歇尔试验，同时从路上钻取芯样，检测路面厚度，计算路面实际空隙率，由此确定生产用的标准配合比。对确定的标准配合比，宜再次进行水稳定性检验。

6.5.2 经设计确定的标准配合比在施工过程中不得随意变更。生产过程中应加强跟踪检测，严格控制进场材料的质量，如遇材料发生变化并经检测沥青混合料的矿料级配、马歇尔技术指标不符合要求时，应及时调整配合比，使混合料质量符合要求并保持相对稳定，必要时应重新进行配合比设计。

7 施工要求

7.1 一般规定

7.1.1 路面施工前应建立完善的质量保证体系，职责明确，责任到人。

7.1.2 应采用专用摊铺机进行施工，须包括受料斗、螺旋输送器、改性乳化沥青储罐、改性乳化沥青喷洒及计量系统、宽度可调节的振动熨平板等组件。专用摊铺机应能够一次性完成黏层油喷洒、热沥青混合料摊铺及熨平。

7.1.3 路面施工时，施工现场的交通控制可参照 JTG H30—2015 的要求进行，保证作业安全。

7.1.4 超薄磨耗层的施工温度应参照表 11 执行。

表 11 施工温度要求

工　序	施工温度(℃)	测量部位
改性沥青加热温度	165 ~ 175	沥青加热罐
集料加热温度	190 ~ 210	热料提升斗
混合料出场温度	170 ~ 185	运料车
混合料最高温度(废弃温度)	195	运料车
混合料储存温度	拌和出料后降低不超过 10	运料车及储料罐
摊铺温度，不低于	160	摊铺机
初压温度，不低于	150	摊铺层内部
终压温度，不低于	90	路表
开放交通的路表温度，不高于	50	路表

7.1.5 施工前应检查各种材料的来源和质量，材料的检验要求和方法应符合第5章的要求，未经检验或检验不合格的材料不应进场。

7.1.6 施工材料的存放场地应具有防雨和排水措施，材料进场前应进行确认。

7.1.7 施工前应对沥青拌和机、摊铺机、压路机等各种施工机械和设备进行调试，对机械设备的配套情况、技术性能、传感器计量精度等进行认真检查、标定；应确保摊铺机乳化沥青喷头无堵塞，喷洒角度适宜。

7.2 施工准备

7.2.1 拌和厂

沥青混合料应在沥青拌和厂（场、站）采用拌和机械拌制。施工前应检查拌和厂是否满足以下要求：

a) 拌和厂的设置应符合国家有关环境保护、消防、安全等规定。

b) 拌和厂与工地现场距离应充分考虑交通堵塞的可能，确保混合料的温度下降不超过要求，且不致因颠簸造成混合料离析。

c) 拌和厂应具有完备的排水设施。各种集料应分隔储存，细集料应设防雨顶棚，料场及场内道路应做硬化处理，集料不应被泥土污染。

d) 拌和楼控制室应逐盘打印沥青及各种矿料的用量和拌和温度，并定期对拌和楼的计量和测温设备进行校核（沥青计量设备的标定每月不少于两次）；没有材料用量和温度自动记录装置的拌和楼不应使用。

e) 避免不同规格集料发生串料现象；装载机从底部垂直装料，装料宜均匀，应确保标准配合比的准确性。

f) 应采用间歇式拌和机拌和，总拌和能力应满足施工进度要求，冷料仓的数量满足配合比需要。冷料供料装置需经标定得出集料供料曲线。振动筛规格应与矿料规格相匹配，最大筛孔宜略大于沥青混合料的最大粒径，其余筛的设置应考虑混合料的级配稳定，并使热料仓大体均衡，不同级配混合料应配置不同的筛孔组合。

g) 间歇式拌和机宜备有保温性能好的成品储料仓，混合料不得在储料仓中长时间储存，以不发生沥青析漏为度；储存过程中混合料温降不应大于10℃，储存时间不应超过2h，且不能有沥青滴漏，超薄磨耗层混合料只限当天使用。

7.2.2 现场检查和检测

施工前应按设计图纸与相关规范的要求对原路面进行检查和检测，对照设计图纸复核原路面技术条件和病害数量，与设计图纸对比，新增病害数量超过10%时应及时报设计单位复核。

应查明以下病害并详细记录分析对比：

a) 调查坑槽、龟裂等病害发展情况；

b) 检测原路面结构强度不足的路段，即 SSI < 0.8 的数量与范围；

c) 查明平整度明显衰减且 IRI > 3.5m/km 的数量与范围；

d) 查明车辙深度超过10mm的路段数量和范围；

e) 查明原路面裂缝类型、数量，并钻芯取样。

7.2.3 原路面处理

病害处理应按以下要求进行：

a) 原路面的坑槽、龟裂等病害应按设计要求修复;

b) 原路面结构强度不足,应认真分析影响因素,由基层引起的强度不足可采用开挖换填、注浆加固等方法补强,由面层引起的强度不足可采用铣刨回填的方法补强;

c) 原路面平整度不符合要求,应分析平整度衰减原因,由基层沉陷引起的可采用开挖换填等方法处理,由面层引起的可采用铣刨回填的方法处理;

d) 原路面裂缝应根据裂缝类型按设计要求铣刨处理;

e) 施工前,应对原路面进行彻底清理,清除浮尘、泥土、碎屑及可见水分等;

f) 试验段开工前,应在规定的期限内向业主及监理提交原材料试验及配合比设计报告。

7.3 试验路段

7.3.1 超薄磨耗层路面施工前应先做试验路段铺筑,应依据沥青混合料组成设计,拟定试验路段铺筑方案。试验路段宜选在主线段,长度宜为500m左右。

7.3.2 生产配合比经试验路段验证,符合要求后才允许进行大面积施工。

7.3.3 施工时每台摊铺机配备1台~2台双钢轮压路机,压路机应紧跟摊铺机以达到最佳碾压效果,施工气温低、风速大时,压路机数量应适当增加。

7.3.4 试验段路面施工分为试拌及试铺两个阶段,需要确定的内容包括:

a) 根据各种机械施工能力相匹配的原则,确定适宜的施工机械,按生产能力确定机械数量与组合方式。

b) 通过试拌确定:

  1) 拌和楼的操作方式,如上料速度、拌和数量与拌和时间、拌和温度等;

  2) 验证沥青混合料的配合比设计和沥青混合料的技术性质,确定正式生产用的矿料配合比和油石比。

c) 通过试铺确定:

  1) 摊铺机的操作方式,如摊铺温度、摊铺速度(不宜低于10m/min)、振捣夯实强度、自动找平等;

  2) 压路机的碾压顺序、碾压温度、碾压速度及遍数,要在试验路段试铺过程中,通过试验获得;

  3) 施工缝处理方法;

  4) 沥青面层的松铺系数。

d) 确定施工产量及作业段的长度,修订施工组织计划。

e) 检测试验段的构造深度、摩擦系数及渗水系数,全面检查材料及施工质量是否符合要求。

f) 确定施工组织及管理体系、质保体系、人员、机械设备、检测设备、通信及指挥方式。

g) 试验路面的铺筑,应按JTG F40—2004的规定操作。试验段铺筑应由有关各方共同参加,及时商定有关事项,明确试验结论。试验段铺筑过程中,监理工程师应一起参加,检查施工工艺、技术措施是否符合要求,测温、观色、取样,并记录试验与检测结果,检查各种技术指标情况,对出现的问题提出改进意见。试验段经检测合格可作为正式路面的组成部分,否则应予铲除。

h) 试验段路面的质量检查频率应比正常施工时适当增加(宜增加1倍)。试验路段结束后,路面应基本上无离析和石料压碎现象,经检测各项技术指标均符合规定,施工单位应就各项试验内容提出完整的试验路施工、检测报告,由驻地监理工程师和建设单位审查同意后方可正式大面积开工。

7.4 混合料拌制

7.4.1 应严格控制沥青和集料的加热温度以及沥青混合料的出厂温度。每天开始几盘集料应提高加热温度，并干拌几锅集料废弃，再正式加沥青拌和混合料。拌和时集料温度应比沥青温度高 10℃ ~ 15℃，沥青混合料的生产温度应符合表 11 的要求，超薄磨耗层混合料宜随伴随用，储存于成品储料仓的时间不应超过 2h。

7.4.2 应按试验段确定的拌和时间、拌和产能生产沥青混合料。间歇式拌和机每盘的生产周期不宜少于 50s（其中干拌时间不少于 5s ~ 10s）。

7.4.3 目测检查沥青混合料的均匀性、有无花白、冒青烟和离析等异常现象，对异常现象应及时做出相应的分析和处理。

7.4.4 拌和楼应进行混合料马歇尔试验和抽提筛分试验（每天不少于 1 次）、残留稳定度试验（每周 1 次 ~ 2 次），用以检验油石比、矿料级配和沥青混凝土的体积力学性质。抽检混合料的级配和油石比应符合表 12 的要求，如超出允许偏差，应查找原因，调整生产。

表 12 混合料级配和油石比允许偏差

检 查 项 目		设计值允许偏差(%)
矿料级配	≥4.75mm	±4
	≤2.36mm	±3
	0.075mm	±1
油石比		±0.2

7.4.5 沥青混合料出厂时，应逐车检测沥青混合料的质量和温度，记录出厂时间，签发运料单。

7.4.6 每天结束后，用拌和楼打印的各料数量，进行总量控制。以各仓用量及各仓筛分结果，在线抽查矿料级配；计算平均施工级配和油石比，与设计结果进行校核；以每天产量计算平均厚度，与路面设计厚度进行校核。根据上述检测数据和混合料马歇尔试验及抽提筛分试验结果，及时进行合理调整。

7.5 混合料运输

7.5.1 每天结束后，用拌和楼打印的各料数量，进行总量控制。以各仓用量及各仓筛分结果，在线抽查矿料级配；计算平均施工级配和油石比，与设计结果进行校核；以每天产量计算平均厚度，与路面设计厚度进行校核。根据上述检测数据和混合料马歇尔试验及抽提筛分实验结果，及时进行合理调整。

7.5.2 运料车每次使用前后应清扫干净，车厢内应均匀涂刷隔离剂或防黏剂，卸料后应及时清除积聚的剩料，防止硬结。

7.5.3 运料车应有良好的篷布覆盖设施，卸料过程中继续覆盖直到卸料结束取走篷布，以便保温或避免污染环境。

7.5.4 拌和楼向运料车放料时，汽车应前后移动进行分层装料，至少移动 3 次，以减少粗集料的分离现象。运料车尾部宜加焊侧板，减少卸料时离析现象发生。

7.5.5 应在运料车中部侧板下方约 300mm 处设专用测温孔，插入深度应大于 150mm。

7.5.6 运料车到工地后，应由专人逐车检测温度，沥青混合料温度应符合表 11 的规定。

7.5.7 运料车进入摊铺现场时，轮胎上不应粘有泥土等可能污染路面的脏物，否则应洗净轮胎后进入工程现场。沥青混合料在摊铺地点凭运料单接收，不符合施工温度要求时不应进行摊铺。

7.6 黏层施工

7.6.1 施工现场应配备改性乳化沥青加温、保温设备，确保改性乳化沥青保持 60℃ ~ 80℃ 的温度。

7.6.2 施工前将加温完毕的改性乳化沥青泵送至超薄磨耗层摊铺机乳化沥青储罐，随沥青混合料摊铺同步喷洒，喷洒量应精确计量，洒布均匀。

7.6.3　超薄磨耗层施工过程中应随时观察黏层油喷洒情况，如出现多洒、少洒或喷头堵塞漏洒情况，应立即与操作人员沟通停止摊铺，对设备进行调试，严重的应将铺筑的混合料予以铲除。

7.6.4　改性乳化沥青的喷洒量应符合表13的规定。

表13　超薄磨耗层沥青混合料黏层油洒布量

超薄磨耗层级配类型	黏层油喷洒量（kg/m^2）
UTFC-Ⅰ型	0.6～0.8
UTFC-Ⅱ型	0.7～1.0
UTFC-Ⅲ型	0.8～1.2

7.7　混合料摊铺

7.7.1　摊铺过程中运料车应在摊铺机前10cm～30cm处停住，不应撞击摊铺机。卸料过程中运料车应挂空挡，靠摊铺机推动前进。

7.7.2　摊铺机开工前应提前0.5h～1h时对熨平板预热，预热温度不应低于100℃。铺筑过程中应保持熨平板及夯锤等压实装置振动频率不变，摊铺机熨平板应拼接紧密，不应存有缝隙，防止卡入粒料将铺面拉出条状痕迹。

7.7.3　摊铺机应调整到最佳工作状态，调好螺旋布料器两端的自动料位器，并使料门开度、链板送料器的速度与螺旋布料器的转速相匹配。螺旋布料器处混合料表面以略高于螺旋布料器2/3为度，使熨平板前混合料的高度在全宽范围内保持一致，避免摊铺层出现离析现象。

7.7.4　铺筑时应采用试验路段确定的松铺系数，宜采用非接触式平衡梁控制摊铺厚度，摊铺过程中应随时检查摊铺层厚度及路拱、横坡。

7.7.5　摊铺时应减少受料斗拢料次数，应在刮板尚未露出，尚有约10cm厚的热拌料时，开始下一辆运料车卸料，做到连续供料，以减小面层离析。

7.7.6　混合料未碾压前，施工人员不应进入，减少人工整修。特殊情况下，如局部离析，应在现场技术人员指导下进行，路面严重缺陷应整层铲除。

7.8　沥青路面压实及成型

7.8.1　超薄磨耗层路面应采用10t～13t的双钢轮压路机静压1遍～2遍，不应使用轮胎式压路机和振动压实方式。横向接缝处采用振动碾压，应调低振动频率和振幅，压路机的振动频率宜为35Hz～50Hz，振幅宜为0.3mm～0.5mm。

7.8.2　应按试验路段确定的碾压速度进行碾压，并符合表14的规定。

表14　压路机碾压速度（km/h）

压路机类型	初压		终压	
	适宜	最大	适宜	最大
钢筒式压路机	2～3	4	3～6	6

7.8.3　应按试验路段确定的施工温度进行碾压，并符合表11的要求。

7.8.4　碾压路线及方向不应突然改变，压路机起动、停止应减速缓行，不应紧急制动，压路机折回不应处在同一横断面上。

7.8.5　碾压过程中碾压轮应保持清洁，有混合料粘轮应立即清除。应向压路机轮上喷洒或涂刷含有隔离剂的水溶液,宜采用非石油基质的隔离剂或水,不应刷柴油;应控制喷水量,喷洒应呈雾状,数量以不粘轮为度。

7.8.6 碾压应符合下列要求:

a) 碾压时应将压路机的驱动轮面向摊铺机,从外侧向中心碾压,在超高路段则由低向高碾压,在坡道上应将驱动轮从低处向高处碾压。

b) 初压应在紧跟摊铺机后碾压,初压区长度不应大于30m,以尽快使表面压实,减少热量散失。

c) 初压后应检查平整度、路拱,有严重缺陷时应进行修整乃至返工。

d) 复压应紧跟在初压后开始,且不应随意停顿。压路机碾压段的总长度应尽量缩短,通常控制在60m~80m范围内。采用不同型号的压路机组合碾压时,宜安排每一台压路机进行全幅碾压,防止不同部位的压实度不均匀。

e) 对路面边缘、加宽及港湾式停车带等大型压路机难于碾压的部位,宜采用小型振动压路机或振动夯板做补充碾压。

7.8.7 压路机不应在未碾压成型路段上转向、掉头、加水或停留。在当天碾压的尚未冷却的沥青混凝土层面上,不应停放压路机或其他车辆。

7.9 养护与交通管制

7.9.1 处于边通车边施工环境时,应在施工前按相关规定取得道路封闭施工的许可,按照批准的交通管制方案做好公示公告、封闭交通,安排好交通疏导指挥人员。

7.9.2 路面施工时,除施工所需的设备和车辆外,其他一切车辆不应进入施工现场。

7.9.3 在当天成型的路面上,不应停放各种机械设备或车辆,并防止矿料、油料和杂物散落在沥青层面上。

7.9.4 铺筑好的路面应做好保护,保持整洁,不应造成污染,不应在沥青路面上堆放施工产生的土或杂物,不应在已铺沥青路面上制作水泥砂浆。

7.9.5 应在路面温度50℃以下时开放交通。

7.9.6 需要提早开放交通时,宜洒水冷却降低已碾压成型的路面温度。

7.10 接缝

7.10.1 纵向施工缝

7.10.1.1 采用梯队作业的纵缝应采用热接缝,将已铺部分留下10cm~20cm宽暂不碾压,作为后续部分的基准面,后续摊铺时应重叠5cm~10cm宽的摊铺层,做跨缝碾压以消除缝迹。

7.10.1.2 采用半幅施工产生冷接缝,第一幅摊铺时,根据画定的摊铺控制线控制摊铺边线,保证摊铺边线的顺直度;第二幅摊铺时,控制接缝松铺,保证接缝饱满、平整。

7.10.1.3 碾压时,应先碾压两幅接缝位置;纵向接缝的位置应尽量避开车道轮迹带。

7.10.2 横向施工缝

7.10.2.1 应采用平接缝。用3m直尺沿纵向位置,在摊铺段端部的直尺呈悬臂状,以摊铺层与直尺脱离接触处定出接缝位置,用锯缝机割齐后铲除。

7.10.2.2 继续摊铺时,应将摊铺层锯切时留下的灰浆擦洗干净,涂上少量黏层沥青,摊铺机熨平板从接缝处起步摊铺。

7.10.2.3 碾压时采用钢筒式压路机进行横向压实,从先铺路面上跨缝逐渐移向新铺面层,以每次20cm宽度为宜,直至全部在新铺面上为止。

7.10.2.4 改为纵向碾压时,不应在横接缝上垂直碾压,碾压完毕后应测量接缝平整度,如不符合要求应及时处理。

7.10.2.5　在横向接缝处,进行乳化沥青的人工洒布,喷洒范围以行进方向正交控制,确保不漏洒。

7.10.2.6　设置位置应远离桥梁伸缩缝 20m 以上,不应设在伸缩缝处,以确保伸缩缝两边路面表面平顺。

7.11　施工管理

7.11.1　一般规定

7.11.1.1　应建立健全有效的质量保证体系,对施工各工序的质量进行检查评定;加强施工过程的质量控制,实行动态质量管理,确保施工质量的稳定性。

7.11.1.2　应特别重视材料质量、施工温度和压实工序的管理,使混合料形成充分嵌挤并达到稳定的状态,不应片面追求平整度而降低压实温度。

7.11.2　施工过程质量管理与检查

7.11.2.1　每天应从拌和站取样 2 次～3 次,制作试件,进行马歇尔试验,测定密度和空隙率、VMA、VFA 等体积指标,指标异常时,应及时查找原因。

7.11.2.2　应按表 15 规定的检查项目与频度对各种原材料进行抽样试验,其技术要求应符合本标准的规定。

表 15　原材料的检查项目与频度

序号	材　料	检 查 项 目	检 查 频 度	平行试验次数或一次试验的试样数
1	粗集料	含泥量	1000m³/次	2
		针片状颗粒含量	1000m³/次	2～3
		颗粒组成(筛分)	1000m³/次	2
		压碎值	1000m³/次	3
		磨光值	每料源一次	2
		洛杉矶磨耗损失	每料源一次	2
		吸水率	1000m³/次	2
2	细集料	颗粒组成(筛分)	200m³/次	2
		砂当量	200m³/次	2
		棱角性	200m³/次	5
3	矿粉	颗粒分析	100t/一次	2
		亲水系数	100t/一次	2
		塑性指数	100t/一次	2
4	改性沥青	针入度	每车或每 100t 检测一次	3
		软化点	每车或每 100t 检测一次	2
		低温延度	每车或每 100t 检测一次	3
		弹性恢复	每车或每 100t 检测一次	3
		离析试验	储存时间超过 1 周检测一次	2

表 15　原材料的检查项目与频度(续)

序号	材　料	检 查 项 目	检 查 频 度	平行试验次数或一次试验的试样数
5	改性乳化 沥青	筛上剩余量	每车或每 50t 检测一次	2
		蒸发残留物含量	每车或每 50t 检测一次	2
		恩格拉黏度	每车或每 50t 检测一次	2
		蒸发残留物针入度	每车或每 50t 检测一次	3
		蒸发残留物软化点	每车或每 50t 检测一次	2
		蒸发残留物延度	每车或每 50t 检测一次	3
		弹性恢复	每 2 ~ 3 天检测一次	3

7.11.2.3　应按表 16 的要求进行质量控制。

表 16　超薄磨耗层混合料生产过程中施工质量检验要求

<table>
<tr><th colspan="2" rowspan="2">项　目</th><th rowspan="2">检查频度及单点检验评价方法</th><th colspan="2">质量要求或允许偏差</th><th rowspan="2">试 验 方 法</th></tr>
<tr><th>高速公路、一级公路</th><th>其他等级公路</th></tr>
<tr><td colspan="2">混合料外观</td><td>随时</td><td colspan="2">观察集料粗细、均匀性、离析、油石比、色泽、冒烟、有无花白料、油团等各种现象</td><td>目测</td></tr>
<tr><td rowspan="3">拌和温度</td><td>沥青、集料的加热温度</td><td>逐盘检测评定</td><td colspan="2">符合本标准规定</td><td>传感器自动检测、显示并打印</td></tr>
<tr><td rowspan="2">混合料出厂温度</td><td>逐车检测评定</td><td colspan="2">符合本标准规定</td><td>传感器自动检测、显示并打印，出厂时逐车按 T 0981 人工检测</td></tr>
<tr><td>逐盘测量记录，每天取平均值评定</td><td colspan="2">符合本标准规定</td><td>传感器自动检测、显示并打印</td></tr>
<tr><td rowspan="9">矿料级配(筛孔)</td><td>0.075mm</td><td rowspan="3">逐盘在线检测</td><td>±2%</td><td>—</td><td rowspan="3">计算机采集数据计算</td></tr>
<tr><td>≤2.36mm</td><td>±3%</td><td>—</td></tr>
<tr><td>≥4.75mm</td><td>±4%</td><td>—</td></tr>
<tr><td>0.075mm</td><td rowspan="3">逐盘检查，每天汇总 1 次取平均值评定</td><td>±1%</td><td>—</td><td rowspan="3">JTG F40—2004 附录 G 总量检验</td></tr>
<tr><td>≤2.36mm</td><td>±3%</td><td>—</td></tr>
<tr><td>≥4.75mm</td><td>±4%</td><td>—</td></tr>
<tr><td>0.075mm</td><td rowspan="3">每台拌和机每天 1 次 ~ 2 次，以 2 个试样的平均值评定</td><td>±1%</td><td>±2%</td><td rowspan="3">T 0725 抽提筛分与标准级配比较的差</td></tr>
<tr><td>≤2.36mm</td><td>±3%</td><td>±4%</td></tr>
<tr><td>≥4.75mm</td><td>±4%</td><td>±5%</td></tr>
</table>

表 16 超薄磨耗层混合料生产过程中施工质量检验要求(续)

<table>
<tr><th rowspan="2">项　目</th><th rowspan="2">检查频度及单点检验评价方法</th><th colspan="2">质量要求或允许偏差</th><th rowspan="2">试验方法</th></tr>
<tr><th>高速公路、一级公路</th><th>其他等级公路</th></tr>
<tr><td rowspan="3">沥青用量(油石比)</td><td>逐盘在线监测</td><td>±0.2%</td><td>—</td><td>计算机采集数据计算</td></tr>
<tr><td>逐盘检查,每天汇总1次取平均值评定</td><td>±0.1%</td><td>—</td><td>JTG F40—2004 附录F总量检验</td></tr>
<tr><td>每台拌和机每天1次~2次,以2个试样的平均值评定</td><td>±0.2%</td><td>±0.3%</td><td>抽提 T 0722、T 0721</td></tr>
<tr><td>马歇尔试验:空隙率、矿料间隙率、稳定度</td><td>每台拌和机每天1次~2次,以4个~6个试件的平均值评定</td><td colspan="2">符合本标准规定</td><td>T 0702、T 0709、JTG F40—2004 附录B及附录C</td></tr>
<tr><td>浸水马歇尔试验</td><td>必要时(试件数同马歇尔试验)</td><td colspan="2">符合本标准规定</td><td>T 0702、T 0709</td></tr>
<tr><td>冻融劈裂强度比</td><td>必要时(试件数同马歇尔试验)</td><td colspan="2">符合本标准规定</td><td>T 0729</td></tr>
<tr><td>谢伦堡沥青析漏试验结合料损失</td><td>必要时(以3个试样的平均值评定)</td><td colspan="2">符合本标准规定</td><td>T 0732</td></tr>
<tr><td colspan="5">注:"随时"是指需要经常检查的项目,其检查频度可根据材料来源及质量波动情况由业主及监理确定;"必要时"是指施工各方任何一个部门对其质量发生怀疑,提出需要检查时,或者根据需要商定的检查频度。</td></tr>
</table>

7.11.2.4 超薄磨耗层路面施工过程的检查项目、检查频度、检查方法和质量要求应符合表17的规定。单点检验评价方法应符合相关试验规程试样平行试验的要求。

表 17 超薄磨耗层路面施工过程质量检验要求

<table>
<tr><th colspan="2" rowspan="2">项　目</th><th colspan="2" rowspan="2">检查频度及单点检验评价方法</th><th colspan="2">质量要求或允许偏差</th><th rowspan="2">试验方法</th></tr>
<tr><th>高速公路、一级公路</th><th>其他等级公路</th></tr>
<tr><td colspan="2">外观</td><td colspan="2">随时</td><td colspan="2">表面平整、均匀、无松散、无花白料、边线顺直</td><td>目测</td></tr>
<tr><td colspan="2" rowspan="2">接缝平整度(mm)</td><td colspan="2">随时</td><td colspan="2">紧密平整、顺直、无跳车</td><td>目测</td></tr>
<tr><td colspan="2">逐条接缝检测评定</td><td>3</td><td>5</td><td>T 0931</td></tr>
<tr><td rowspan="2">施工温度</td><td>摊铺温度</td><td colspan="2">逐车检测评定</td><td colspan="2">符合本标准规定</td><td>T 0981</td></tr>
<tr><td>碾压温度</td><td colspan="2">随时</td><td colspan="2">符合本标准规定</td><td>插入式温度计实测</td></tr>
<tr><td colspan="2" rowspan="3">厚度(mm)</td><td rowspan="3">检测每个断面</td><td>UTFC-Ⅰ型</td><td>±2</td><td>±3</td><td rowspan="3">T 0912</td></tr>
<tr><td>UTFC-Ⅱ型</td><td>±3</td><td>±4</td></tr>
<tr><td>UTFC-Ⅲ型</td><td>±4</td><td>±5</td></tr>
</table>

表 17 超薄磨耗层路面施工过程质量检验要求(续)

项目		检查频度及单点检验评价方法	质量要求或允许偏差		试验方法
			高速公路、一级公路	其他等级公路	
宽度		检测每个断面	不小于设计值		T 0911
平整度(mm),不大于	标准差 σ	连续测定	1.2	2.5	T 0932
路面渗水系数(mL/min)		每 1km 不少于 5 点,每点 3 处取平均值	≥500		T 0971

7.11.2.5 施工过程中的其他质量管理应符合 JTG F40—2004 的规定。

8 质量检验与评定

8.1 一般规定

8.1.1 沥青混合料的矿料质量及矿料级配应符合设计要求和施工规范的规定。

8.1.2 严格控制各种矿料和沥青用量及各种材料和沥青混合料的加热温度,沥青材料及混合料的各项指标应符合设计和施工规范要求。

8.1.3 沥青混合料应均匀一致,无花白,无粗细料分离和结团成块现象。

8.1.4 下承层表面应干燥、清洁、无浮土,其平整度和路拱度应符合要求。

8.1.5 摊铺时应严格控制摊铺厚度和平整度,避免离析,应控制摊铺和碾压温度。

8.2 实测项目

超薄磨耗层路面检测项目见表 18。

表 18 超薄磨耗层路面实测项目

项次	检查项目			质量要求或允许偏差		检查方法和频率(每双车道)
				高速公路、一级公路	其他等级公路	
1	平整度,不大于		标准差 σ(mm)	1.2	2.5	平整度仪:全线每车道连续按 100m 计算 IRI 或 σ
			IRI(m/km)	2.0	4.2	
2△	渗水系数(mL/min),不小于			500		渗水试验仪:每 200m 测 1 处
3△	抗滑	摆值 F_b(BPN),不小于	UTFC-Ⅰ型	50	—	摆式仪:每 200m 测 1 处
			UTFC-Ⅱ型	55		
			UTFC-Ⅲ型	55		
		横向力系数 F_S(SFC_{60}),不小于	UTFC-Ⅰ型	50	—	横向力系数测定车:全线连续,按 JTG F80/1—2017 附录 L 评定
			UTFC-Ⅱ型	54		
			UTFC-Ⅲ型	54		

表 18 超薄磨耗层路面实测项目(续)

<table>
<tr><th rowspan="2">项次</th><th rowspan="2" colspan="3">检 查 项 目</th><th colspan="2">质量要求或允许偏差</th><th rowspan="2">检查方法和频率
(每双车道)</th></tr>
<tr><th>高速公路、一级公路</th><th>其他等级公路</th></tr>
<tr><td rowspan="3">3△</td><td rowspan="3">抗滑</td><td rowspan="3">构造深度TD(mm),不小于</td><td>UTFC-Ⅰ型</td><td>0.6</td><td>—</td><td rowspan="3">铺沙法:每 200m 测 1 处</td></tr>
<tr><td>UTFC-Ⅱ型</td><td>1.0</td><td>—</td></tr>
<tr><td>UTFC-Ⅲ型</td><td>1.2</td><td>—</td></tr>
<tr><td rowspan="3">4△</td><td rowspan="3" colspan="2">厚度(mm)</td><td>UTFC-Ⅰ型</td><td>±2</td><td>±3</td><td rowspan="3">按 JTG F80/1—2017 附录 H 检查:每 200m 测 1 点</td></tr>
<tr><td>UTFC-Ⅱ型</td><td>±3</td><td>±4</td></tr>
<tr><td>UTFC-Ⅲ型</td><td>±4</td><td>±5</td></tr>
<tr><td>5</td><td colspan="3">宽度(mm)</td><td colspan="2">不小于设计值</td><td>尺量:每 200m 测 4 断面</td></tr>
<tr><td>6△</td><td colspan="3">矿料级配</td><td colspan="2">满足生产配合比要求</td><td>T 0725,每台班一次</td></tr>
<tr><td>7△</td><td colspan="3">沥青含量</td><td colspan="2">满足生产配合比要求</td><td>T 0722、T 0721、T 0735,每台班一次</td></tr>
<tr><td>8</td><td colspan="3">马歇尔稳定度</td><td colspan="2">满足生产配合比要求</td><td>T 0709,每台班一次</td></tr>
<tr><td colspan="7">注:加“△”为超薄磨耗层路面重点实测项目。</td></tr>
</table>

8.3 外观鉴定

8.3.1 表面应均匀平整,裂缝、松散、推挤、碾压轮迹、油丁、泛油、离析的累计长度不得超过 50m。

8.3.2 搭接处烫缝应无枯焦现象。

8.3.3 路面应无积水现象。

附 录 A
(资料性附录)
超薄磨耗层在杭金衢高速公路金华段的应用

A.1 工程概况

杭金衢高速公路金华段路基宽度为28m,设计速度120km/h,原沥青混凝土路面结构层依次为20cm厚水泥稳定碎石底基层,30cm~34cm厚水泥稳定碎石基层,17cm厚沥青混凝土面层(从下到上分别为7cm厚AC-25I、6cm厚AC-20II、4cm厚AK-13A),日平均车流量约为21 000车次。

2009年,经过近6年的运营,衢向K152+800~K157+600路面使用性能明显衰减:路面出现了相当数量的裂缝、坑洞补丁且伴有轻微车辙现象,车辙深度基本上小于1.5cm;路面抗滑性能衰减较为明显,路面打滑、制动不灵、雨天行车产生严重水雾,对行车安全带来隐患。因此非常需要一种具有快速施工、高磨耗、噪声小、排水性能好、造价低的预防性路面养护技术,并能保持路面使用性能衰变缓慢,路面使用性能、路面结构、路面安全完全符合行车要求,延长道路寿命、降低道路大、中修的频率。

经综合考虑,杭金衢高速公路2009年路面养护专项工程(2-A合同段)在杭金衢高速公路金华段选取了衢向K152+797~K153+780、K154+282~K155+438两个路段,路面宽度为11.6m,选用2cm厚超薄磨耗层、公称最大粒径为9.5mm的级配进行薄层罩面。

A.2 材料

A.2.1 一般规定

A.2.1.1 根据超薄磨耗层所用集料的质量要求,选择原材料供应商,经过认真的料源调查,按就地取材的原则,5mm~10mm碎石从嵊州采购,0mm~3mm石屑从武义采购,矿粉从兰溪采购。

A.2.1.2 施工前,对原材料按照以下频率进场批次和数量进行了检测。具体检测项目及检测频率见表A.1。

A.2.1.3 集料粒径规格以方孔筛为准。

表A.1 超薄磨耗层原材料实测项目

材料名称	试验项目	检测频度
粗集料	含泥量	1000m³/次
	针片状颗粒含量	1000m³/次
	颗粒组成(筛分)	1000m³/次
	压碎值	1000m³/次
	磨光值	每种材料检测1次
	洛杉矶磨耗损失	每种材料检测1次
	吸水率	1000m³/次
细集料	颗粒组成(筛分)	200m³/次
	砂当量	200m³/次
	棱角性	200m³/次

表 A.1 超薄磨耗层原材料实测项目(续)

材料名称	试验项目	检测频度
矿粉	颗粒分析	100t/一次
	亲水系数	100t/一次
	塑性指数	100t/一次
改性沥青	针入度	每车或每 50t 检测一次
	软化点	每车或每 50t 检测一次
	低温延度	每车或每 50t 检测一次
	弹性恢复	每车或每 50t 检测一次
	离析试验	储存时间超过 1 周检测一次
乳化沥青	筛上剩余量	每车或每 50t 检测一次
	蒸发残留物含量	每车或每 50t 检测一次
	恩格拉黏度	每车或每 50t 检测一次
	蒸发残留物针入度	每车或每 50t 检测一次
	蒸发残留物软化点	每车或每 50t 检测一次
	蒸发残留物延度	每车或每 50t 检测一次
	弹性恢复	每 2 ~ 3 天检测一次

A.2.2 改性沥青

超薄磨耗层混合料用沥青胶结料采用壳牌沥青,汽车运至拌和场。其技术要求及检测结果见表 A.2。

表 A.2 改性沥青性能指标

试验项目		单位	检测结果	试验方法
针入度(25℃,100g,5s)		0.1mm	56	T 0604
针入度指数 PI		—	0.8	T 0604
延度(5℃,5cm/min)		cm	31	T 0605
软化点 $T_{R\&B}$		℃	83	T 0606
运动黏度(135℃)		Pa·s	2.1	T 0620
闪点		℃	236	T 0611
溶解度		%	99.5	T 0607
弹性恢复(25℃)		%	97	T 0662
离析,48h 软化点差		℃	1.2	T 0661
沥青薄膜加热试验 TFOT(或旋转薄膜加热试验 RTFOT)后残留物	质量变化	%	0.5	T 0609
	针入度比(25℃)	%	68	T 0604
	延度(5℃,5cm/min)	cm	20	T 0605

A.2.3 改性乳化沥青

超薄磨耗层混合料黏层采用壳牌 PCR 快裂型改性乳化沥青，其技术要求及检测结果见表 A.3。

表 A.3 改性乳化沥青性能指标

试验项目		单位	检测结果	试验方法
破乳速度		—	快裂	T 0658
粒子电荷		—	阳离子(+)	T 0653
筛上剩余量(1.18mm 筛)		%	0.03	T 0652
黏度	恩格拉黏度 E_{25}	—	20	T 0622
	沥青标准黏度 $C_{25.3}$	s	45	T 0623
蒸发残留物	残留分含量	%	66.5	T 0651
	针入度(100g,25℃,5s)	0.1mm	98	T 0604
	软化点	℃	58	T 0606
	延度(5℃,5cm/min)	cm	22	T 0605
	溶解度(三氯乙烯)	%	98.7	T 0607
	弹性恢复(10℃)	%	66	T 0662
储存稳定性	1d	%	0.5	T 0655
	5d	%	2.5	

A.2.4 粗集料质量检测结果见表 A.4。

表 A.4 粗集料性能指标

试验项目		单位	检测结果	试验方法
石料压碎值		%	10.2	T 0316
洛杉矶磨耗损失		%	12.1	T 0317
表观相对密度		—	2.95	T 0304
吸水率		%	1.1	T 0304
坚固性		%	7.6	T 0314
磨光值 PSV		—	43	T 0321
针片状颗粒含量	混合料	%	8.4	T 0312
	其中粒径大于 9.5mm	%	5.4	
	其中粒径小于 9.5mm	%	10.6	
水洗法 <0.075mm 颗粒含量		%	0.5	T 0310
软石含量		%	0.3	T 0320
与沥青黏附性		级	5	T 0616
破碎面	1 个	%	100	T 0346

A.2.5 粗集料级配检测结果见 A.5。

表 A.5 粗集料规格

集料规格	通过下列筛孔(mm)的质量百分率(%)									
	13.2	9.5	6.3	4.75	2.36	1.18	0.6	0.3	0.15	0.075
(5~10)mm	100.0	85.0	11.2	2.5	0.4	0.4	0.4	0.4	0.4	0.4

A.2.6 细集料

A.2.6.1 细集料采用0mm~3mm 辉绿岩石屑。该石屑洁净、干燥、无风化、无杂质,有适当的颗粒级配,与沥青有良好的黏结能力。

A.2.6.2 细集料技术指标检测结果见表 A.6。

表 A.6 细集料性能指标

试验项目	单位	检测结果	试验方法
表观相对密度	—	2.73	T 0328
坚固性(>0.3mm 部分)	%	7.3	T 0340
含泥量(<0.075mm 的含量)	%	1.3	T 0333
砂当量	%	61.5	T 0334
亚甲蓝值	g/kg	0.9	T 0349
棱角性(流动时间)	s	35	T 0345

A.2.6.3 细集料级配检测结果见表 A.7。

表 A.7 细集料规格

集料规格	通过下列筛孔(mm)的质量百分率(%)						
	4.75	2.36	1.18	0.6	0.3	0.15	0.075
(0~3)mm	100.0	85.1	54.1	37.5	26.9	18.1	13.1

A.2.7 填料

A.2.7.1 采用石灰岩磨细得到的矿粉。该矿粉干燥、洁净,能自由地从矿料仓流出。

A.2.7.2 矿粉性能指标检测结果见表 A.8。

表 A.8 矿粉性能指标

试验项目		单位	检测结果	试验方法
表观密度		t/m^3	2.72	T 0352
含水率		%	0.3	T 0103
粒度范围	<0.6mm	%	100	T 0351
	<0.15mm	%	93.6	
	<0.075mm	%	80.4	

表 A.8 矿粉性能指标(续)

试验项目	单位	检测结果	试验方法
外观	—	无团粒结块	—
亲水系数	—	0.8	T 0353
塑性指数	%	3.1	T 0354
加热安定性	—	颜色无明显变化	T 0355

A.3 配合比设计

A.3.1 目标配合比设计

根据集料及矿粉的筛分结果,设计3组粗细不同的级配,中值级配的关键筛孔4.75mm、2.36mm的通过率分别位于30%、24%左右,其余两组级配的关键筛孔分别位于中值级配的上、下方。

选择油石比为4.8%,采用马歇尔击实成型方法成型试件,双面击实50次,分别制作3组级配的马歇尔试件,测定VMA,初选级配2作为设计级配。配合比级配设计见表A.9,级配曲线图见图A.1。

表 A.9 目标配合比级配设计

集料名称及规格		粗集料(5~10)mm				细集料(0~3)mm			矿粉(0~0.6)mm		
掺配率(%)	级配1	68				30			2		
	级配2	72				26			2		
	级配3	76				21			3		
级配类型		通过下列筛孔(mm)的质量百分率(%)									
		13.2	9.5	6.3	4.75	2.36	1.18	0.6	0.3	0.15	0.075
级配1		100.0	89.8	39.6	33.7	27.8	18.5	13.5	10.3	7.6	5.8
级配2		100.0	89.2	36.1	29.8	24.4	16.4	12.0	9.3	6.9	5.3
级配3		100.0	88.6	32.5	25.9	21.2	14.7	11.2	8.9	6.9	5.5
设计级配范围		100	80~100	30~45	20~35	18~30	10~22	6~16	5~12	4~10	4~7

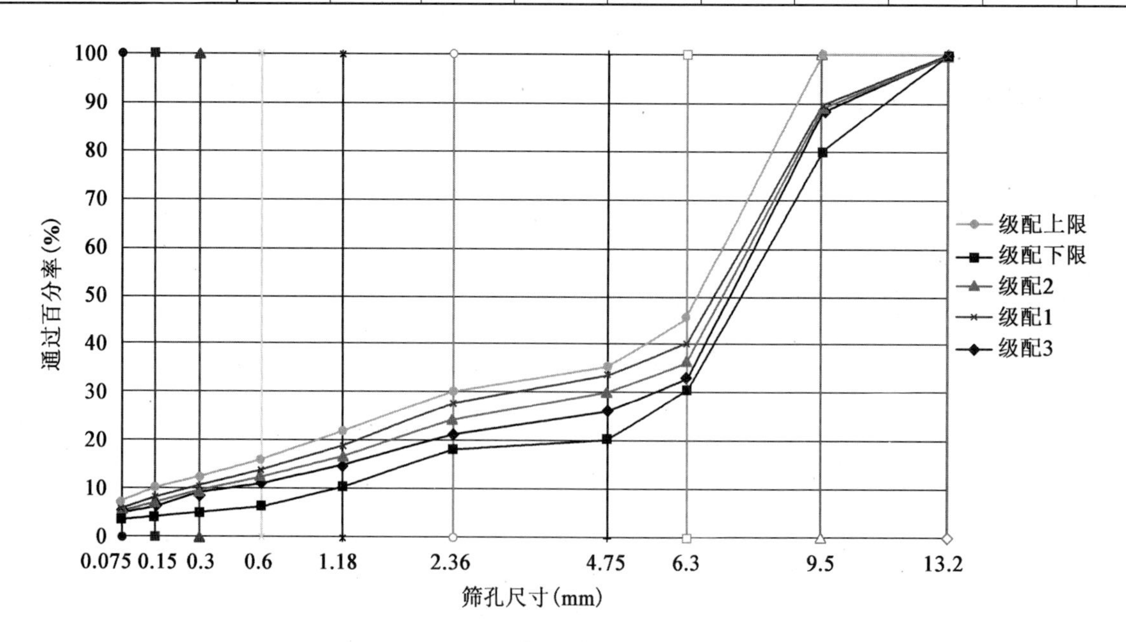

图 A.1 目标配合比级配曲线

采用五种油石比4.2%、4.5%、4.8%、5.1%、5.4%分别成型试件，计算混合料体积指标、沥青膜厚度和通过性能测试确定最佳沥青用量。其混合料体积性质技术要求见表A.10。

表A.10　不同油石比下混合料的体积指标

油石比(%)	双面各击实50次			油膜厚度(μm)
	空隙率(%)	VMA(%)	VFA(%)	
4.2	18.7	25.6	27.0	8.9
4.5	17.5	25.3	31.0	9.5
4.8	16.7	25.5	34.3	10.2
5.1	15.5	25.7	37.4	10.8
5.4	13.8	26.0	39.2	11.4
技术要求	≥10	≥20	25～50	≥9.0

综合超薄磨耗层体积指标及沥青膜厚度控制的要求，确定油石比为4.8%是比较合理的。最佳油石比混合料配合比设计的最大胶结料用量及水稳定性检验结果见表A.11。

表A.11　混合料配合比设计检验结果

检测项目	单位	实测值	测试方法
谢伦堡沥青析漏试验结合料损失	%	0.03	T 0732
肯塔堡飞散试验的混合料损失	%	12.6	T 0733
冻融劈裂试验残留强度比	%	85.1	T 0729
浸水马歇尔试验残留稳定度	%	88.2	T 0709

A.3.2　生产配合比设计

生产配合比以拌和机二次筛分后取样材料为基础进行设计，以目标配合比确定的级配及油石比为目标进行设计。热料仓矿料筛分结果见表A.12、表A.13，目标、生产配合比级配曲线图对比见图A.2。

表A.12　热料仓矿料筛分结果

热料仓及矿料规格		通过下列筛孔(mm)的质量百分率(%)									
		13.2	9.5	6.3	4.75	2.36	1.18	0.6	0.3	0.15	0.075
4号仓	(11～18)mm	100.0	22.1	0.8	0.3	0.3	0.3	0.3	0.3	0.3	0.3
3号仓	(6～11)mm	100.0	94.9	15.3	3.8	0.5	0.5	0.5	0.5	0.5	0.5
2号仓	(3～6)mm	100	100	99.5	70.5	20.1	1.3	0.6	0.6	0.6	0.6
1号仓	(0～3)mm	100	100	100	100	84.7	45.7	27.5	18.2	10.5	6.8

表 A.13 生产配合比级配设计

热料仓及规格	4 号仓(11~18)mm		3 号仓(6~11)mm		1 号仓(0~3)mm		矿粉(0~0.6)mm			
掺配率(%)	10		63		23		4			
级配类型	通过下列筛孔(mm)的质量百分率(%)									
	13.2	9.5	6.3	4.75	2.36	1.18	0.6	0.3	0.15	0.075
生产配合比级配	100.0	89.0	36.7	29.4	23.8	14.9	10.7	8.5	6.5	5.1
目标配合比级配	100.0	89.2	36.1	29.8	24.4	16.4	12.0	9.3	6.9	5.3

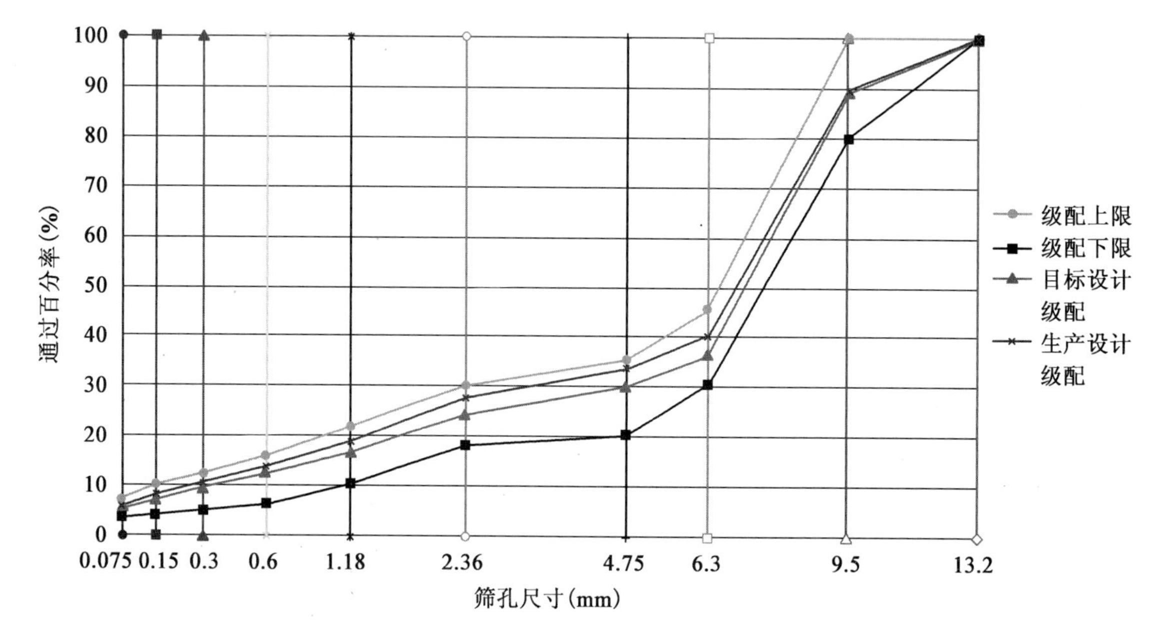

图 A.2 目标、生产配合比级配曲线对比

A.3.3 生产配合比验证

按照生产配合比确定的设计结果进行试拌、铺筑试验段,并进行生产配合比验证,相关技术指标均符合要求。

A.4 生产工艺

A.4.1 施工准备

A.4.1.1 拌和厂

沥青混合料在沥青拌和厂(场、站)采用 M160 拌和机拌制。施工前对拌和厂进行了检查,确认满足以下要求:

a) 拌和厂的设置符合国家有关环境保护、消防、安全等规定。

b) 拌和厂与工地现场平均运距 55km,确保混合料的温度下降不超过要求,且均为高速公路运输,不会因颠簸造成混合料离析。

c) 拌和厂具有完备的排水设施。各种集料分隔储存,细集料设有防雨顶棚,料场及场内道路已做硬化处理。

d) 开工前已对拌和楼的计量和测温进行校核,拌和楼控制室具有逐盘打印沥青及各种矿料的用量和拌和温度的功能。

e) 拌和机为间歇式拌和机,总拌和能力满足施工进度要求,冷料仓数量5个,满足配合比需要。施工前冷料供料装置已经标定得出集料供料曲线。振动筛规格设置与矿料规格相匹配,最大筛孔为18mm,略大于沥青混合料的最大粒径12mm。

f) 拌和机备有保温性能好的成品储料仓。

A.4.1.2 现场检查和检测

A.4.1.2.1 施工前按设计图纸与相关规范的要求对原路面进行了检查,对照设计图纸复核原路面技术条件和工程数量。

A.4.1.2.2 对原路面坑槽、龟裂等病害发展情况进行了认真调查,详细记录病害分布位置,与设计图纸对比,无新增病害情况。

A.4.1.2.3 对原路面结构强度进行了检测,SSI = 1.2,结构强度符合要求。

A.4.1.2.4 对原路面平整度进行了检测,IRI = 1.8m/km,平整度符合要求。

A.4.1.2.5 对原路面车辙进行了检测,车辙深度超过10mm的路段共30m,进行详细记录。

A.4.1.2.6 对原路面裂缝情况进行了细致调查和钻芯取样,复核裂缝类型,根据裂缝类型确定了处理方案。

A.4.2 原路面处理

A.4.2.1 原路面存在的病害按以下要求进行了处理:

a) 路面的坑槽、龟裂等病害按设计要求采用铣刨回铺的方法彻底修复;

b) 车辙深度超过10mm的路段采用铣刨回填的方法处理。

A.4.2.2 路面裂缝采用了如下处理方案:

a) 对于由基层开裂等原因形成的反射裂缝,直接铣刨至基层顶面,铺设防裂材料,回填沥青混凝土;

b) 由于荷载、温缩等引起的裂缝,将裂缝彻底铣刨至无裂缝的层面后,回填沥青混凝土。

A.4.2.3 施工前,对原路面进行彻底清理,必须清除浮尘、泥土、碎屑及可见水分等。

A.4.2.4 试验段开工前,在规定的期限内向业主及监理提交原材料试验及配合比设计报告,取得书面同意后才进行试验段施工。

A.4.3 试验路段

A.4.3.1 拟定试验路段铺筑方案。试验路段选在正线直线段,具体位置为衢向K152 + 797 ~ K153 + 297,长500m,路幅宽度11.65m,面积5825m^2。

A.4.3.2 生产配合比经试验路段验证,符合要求后才允许进行大面积施工。

A.4.3.3 施工时采用单台专用摊铺机配备两台BMA双钢轮压路机。

A.4.3.4 试验段路面施工分为试拌及试铺两个阶段,需要确定的内容包括:

a) 根据各种机械的施工能力相匹配的原则,确定适宜的施工机械,按生产能力确定机械数量与组合方式。

b) 通过试拌确定:

  1) 拌和楼的操作方式,如上料速度、拌和数量与拌和时间、拌和温度等;

  2) 验证沥青混合料的配合比设计和沥青混合料技术性质,确定正式生产用的配合比和油石比。

c) 通过试铺确定:

  1) 摊铺机的操作方式,如摊铺温度、摊铺速度(不宜低于10m/min)、振捣夯实强度、自动找平;

2） 压路机的碾压顺序，碾压温度，碾压速度及遍数，要在试验路段试铺过程中，通过试验获得；

3） 施工缝处理方法；

4） 沥青面层的松铺系数。

d） 确定施工产量及作业段的长度，修订施工组织计划。

e） 检测试验段的构造深度、摩擦系数及渗水系数，全面检查材料及施工质量是否符合要求。

f） 确定施工组织及管理体系、质保体系、人员、机械设备、检测设备、通信及指挥方式。

g） 为更加真实反映试验段质量，试验段路面的质量检查频率比正常施工时增加了一倍。试验路段结束后，路面应基本上无离析和石料压碎现象，经检测各项技术指标均符合规定，施工单位提出完整的试验路施工、检测报告报送驻地监理工程师和建设单位审查同意。

A.4.4 混合料拌制

A.4.4.1 生产过程中严格按照生产配合比实施，控制矿料、沥青的加热温度，拌和机的振动筛采用了3mm、6mm 、11mm、18mm 筛网，拌和周期65s，生产时考虑筛分能力，适当降低了产量，生产过程中未出现溢料、等料等现象。实际拌和温度范围见表 A.14。

表 A.14 拌 和 温 度 （℃）

沥青加热温度	168 ~ 175
矿料温度	180 ~ 190
混合料出厂温度	170 ~ 180，超过 195 废弃

A.4.4.2 按试验段确定的拌和时间、拌和产能生产沥青混合料。间歇式拌和机每盘的生产周期 55s，其中干拌时间 5s。

A.4.4.3 拌和中经常目测检查沥青混合料的均匀性、有无花白、冒青烟和离析等异常现象，对异常现象及时做出相应的分析和处理。

A.4.4.4 拌和楼每天进行 1 次混合料马歇尔试验和抽提筛分试验，共进行 1 次残留稳定度试验，用以检验油石比、矿料级配和沥青混凝土的体积力学性质。经抽检，混合料的级配和油石比波动较小，质量稳定，满足表 A.15 的要求。

表 A.15 混合料级配和油石比允许偏差

检 查 项 目		实际偏差（%）
矿料级配	≥4.75mm	±4
	≤2.36mm	±3
	0.075mm	±1
油石比		-0.2 ~ +0.2

A.4.4.5 沥青混合料出厂逐车检测沥青混合料的质量和温度，记录出厂时间，签发运料单。

A.4.4.6 每天结束后，用拌和楼打印的各料数量，进行总量控制。以各仓用量及各仓筛分结果，在线抽查矿料级配；计算平均施工级配和油石比，与设计结果进行校核；以每天产量计算平均厚度，与路面设计厚度进行校核。根据上述检测数据和混合料马歇尔试验及抽提筛分试验结果，及时进行合理调整。

A.4.5 混合料运输

A.4.5.1 本工程采用25辆每辆载质量不超过30t的自卸式运输卡车运输。摊铺时,摊铺机前方有5辆~6辆运料车等候卸料。

A.4.5.2 运料车每次使用前后清扫干净,车厢内应均匀涂刷隔离剂或防黏剂,卸料后应及时清除积聚的剩料,防止硬结。

A.4.5.3 运料车采用毡布进行覆盖以减少热量损失,卸料过程中继续覆盖直到卸料结束取走篷布,以便保温或避免污染环境。

A.4.5.4 拌和楼向运料车放料时,汽车应前后移动3次进行分层装料,以减少粗集料的分离现象。运料车尾部宜加焊侧板,减少卸料时离析现象发生。

A.4.5.5 运料车中部侧板下方约300mm处设专用测温孔,采用具有金属探测针的插入式数显温度计检测沥青混合料的出厂温度和运至现场温度,检测温度时插入深度大于150mm,经检测,到场混合料温度均大于,未发生料温过高废弃现象。

A.4.5.6 运料车到工地后,由专人逐车检测温度,不符合施工温度要求时不应进行摊铺。

A.4.6 黏层施工

A.4.6.1 施工现场配备一台改性乳化沥青加温、保温设备,确保改性乳化沥青保持60℃~80℃的温度。

A.4.6.2 施工前,将加温完毕的改性乳化沥青泵送至摊铺机乳化沥青储罐,随沥青混合料摊铺同步喷洒,喷洒量精确计量,洒布均匀。

A.4.6.3 施工过程中随时观察黏层油喷洒情况,如出现多洒、少洒或喷头堵塞漏洒情况,立即停止摊铺,对设备进行调试,严重的将铺筑的混合料予以铲除。

A.4.6.4 改性乳化沥青的喷洒量为0.85kg/m^2,随路面的粗糙程度做适当调整。

A.4.7 混合料摊铺

A.4.7.1 摊铺过程中运料车应在摊铺机前10cm~30cm处停住,卸料过程中运料车应挂空挡,靠摊铺机推动前进。

A.4.7.2 摊铺机开工前提前1h对熨平板预热,预热温度不低于100℃,对预热熨平板,受料斗、螺旋送料器涂防黏剂。铺筑过程中保持熨平板及夯锤等压实装置振动频率不变,摊铺机熨平板拼接紧密,不应存有缝隙,防止卡入粒料将铺面拉出条状痕迹。

A.4.7.3 调好摊铺机螺旋布料器两端的自动料位器,使料门开度、链板送料器的速度与螺旋布料器的转速相匹配。螺旋布料器处混合料表面以略高于螺旋布料器2/3为度,使熨平板前混合料的高度在全宽范围内保持一致,避免摊铺层出现离析现象。

A.4.7.4 铺筑时,采用试验路段确定的松铺系数1.1按设计厚度等厚连续不间断均匀摊铺,摊铺速度设定为12m/min,摊铺分两幅进行,先摊铺超车道侧,摊铺宽度5.8m,摊铺过程中随时检查摊铺层厚度及路拱、横坡。

A.4.7.5 摊铺时减少受料斗拢料次数,在刮板尚未露出,尚有约10cm厚的热拌料时,开始下一辆运料车卸料,做到连续供料,以减小面层离析。

A.4.7.6 混合料未碾压前,施工人员不应进入,减少人工整修。特殊情况下,如局部离析,应在现场技术人员指导下进行,路面严重缺陷应整层铲除。

A.4.8 混合料压实

A.4.8.1 采用2台13t的双钢轮压路机静压2遍,纵向施工缝处碾压3遍,横向接缝处采用振动碾压,应调低振动频率和振幅,压路机的振动频率35Hz,振幅0.3mm。

A.4.8.2　初压紧跟摊铺机,初压温度150℃,初压区长度30m,碾压段长度60m~80m,碾压速度不得超过5km/h。初压后应检查平整度、路拱,有严重缺陷时进行修整乃至返工。碾压时将压路机的驱动轮面向摊铺机,从外侧向中心碾压,在超高路段则由低向高碾压,在坡道上将驱动轮从低处向高处碾压。

A.4.8.3　碾压温度检测结果见表A.16。

表A.16　超薄磨耗层碾压温度统计(℃)

工　序	施工温度(℃)	测 量 部 位
摊铺温度	160~170	摊铺机
初压温度	150~165	摊铺层内部
终压温度	≥100	路表
开放交通的路表温度	<50	路表

A.4.8.4　碾压路线及方向不应突然改变,压路机起动、停止应减速缓行,不紧急制动,压路机折回不处在同一横断面上。

A.4.8.5　碾压过程中碾压轮保持清洁,有混合料粘轮立即清除。向压路机轮上喷洒或涂刷含有隔离剂的水溶液;碾压中控制喷水量,喷洒呈雾状,数量以不粘轮为度。

A.4.8.6　终压应紧跟在初压后开始,不应随意停顿。压路机碾压段的总长度应尽量缩短,通常控制在60m~80m范围内。采用不同型号的压路机组合碾压时,宜安排每一台压路机做全幅碾压,防止不同部位的压实度不均匀。

A.4.8.7　对路面边缘、加宽及港湾式停车带等大型压路机难于碾压的部位,宜采用小型振动压路机或振动夯板做补充碾压。

A.5　养护及交通管制

A.5.1　本项目施工前已按相关规定取得道路封闭施工的许可,采用借道通行的方式进行路面养护施工,施工前做好公示公告、封闭交通,安排好交通疏导指挥人员。

A.5.2　路面施工时,除施工所需的设备和车辆,其他一切车辆不应进入施工现场。

A.5.3　在当天成型的路面上,不应停放各种机械设备或车辆。

A.5.4　铺筑好的路面应做好保护,保持整洁,不应造成污染,不应在沥青路面上堆放施工产生的土或杂物。

A.5.5　施工后采用自然冷却的方式进行养护,采用红外线温枪检测,在路面冷却到45℃~48℃时开放交通,完工后路面未发生车辙。

A.6　接缝处理

A.6.1　纵向施工缝

A.6.1.1　纵向接缝采用垂直接缝处理,碾压时,先碾压两幅接缝位置。将已铺部分留下15cm宽暂不碾压,作为后续部分的基准面,后续摊铺时重叠10cm宽的摊铺层,做跨缝碾压以消缝迹。

A.6.1.2　本工程采用半幅施工。第一幅摊铺时,根据画定的摊铺控制线控制摊铺边线,保证摊铺边线的顺直度;第二幅摊铺时,控制接缝松铺,保证接缝饱满、平整。

A.6.1.3　碾压时,应先碾压两幅接缝位置;纵向接缝的位置应尽量避开车道轮迹带。

A.6.2 横向施工缝

A.6.2.1 横向接缝采用垂直的平接缝。

A.6.2.2 用3m直尺沿纵向位置，在摊铺段端部的直尺呈悬臂状，以摊铺层与直尺脱离接触处定出接缝位置，用锯缝机割齐后铲除。

A.6.2.3 继续摊铺时，将摊铺层锯切时留下的灰浆擦洗干净，涂上少量黏层沥青，摊铺机熨平板从接缝处起步摊铺。

A.6.2.4 碾压时用钢筒式压路机进行横向压实，从先铺路面上跨缝逐渐移向新铺面层，以每次20cm宽度行进，直至全部在新铺面上为止。

A.6.2.5 在横向接缝处，进行乳化沥青的人工洒布，喷洒范围以行进方向正交控制，确保不漏洒。

A.6.2.6 摊铺段结束时，待工人修补平整后再进行碾压，做到新铺路面与原路面连接平顺。

A.6.2.7 横向施工缝设置位置应远离桥梁伸缩缝20m以上。

A.7 施工管理

A.7.1 施工过程质量管理与检查

A.7.1.1 施工过程的检查项目、检查频度、检查方法和质量要求见表A.17，单点检验评价方法符合相关试验规程试样平行试验的要求。

表A.17 超薄磨耗层路面施工过程质量检查

项目		检查频度及单点检验评价方法	质量要求或允许偏差	试验方法
外观		随时	表面平整、均匀、无松散、无花白料、边线顺直	目测
接缝平整度(mm)		随时	紧密平整、顺直、无跳车	目测
		逐条接缝检测评定	3	T 0931
施工温度	摊铺温度	逐车检测评定	符合要求	T 0981
	碾压温度	随时	符合要求	插入式温度计实测
厚度(mm)		检测每个断面	±3	T 0912
宽度		检测每个断面	不小于设计值	T 0911
平整度(mm)	标准差	连续测定	1.2	T 0932
	最大间隙	连续测定	3	T 0931
路面渗水系数(mL/min)		每1km不少于5点，每点3处取平均值	≥500	T 0971

A.8 质量检验与评定

A.8.1 质量检验

A.8.1.1 施工过程中对沥青混合料及路面各项指标进行了检测，施工当天各项检测结果见表A.18。

A.8.1.2 摊铺过程中应严格控制摊铺厚度、平整度以及摊铺和碾压温度。

A.8.1.3 从拌和站取样对混合料进行相关指标检测，混合料的级配及油石比偏差结果见表A.19，马歇尔试验指标检测结果见表A.20。

表 A.18　超薄磨耗层生产过程质量检验结果

项　　目		检查频度及单点检验评价方法	检测检验结果	试验方法
混合料外观		随时	混合料色泽均匀、无离析、少量青烟、无花白料、油团等现象	目测
拌和温度(℃)	沥青、集料的加热温度	逐盘检测评定	沥青温度 165;集料加热温度 200	传感器自动检测、显示
	混合料出厂温度	逐车检测评定	均在 175 ~ 185 区间内	出厂时逐车检测
矿料级配(筛孔)	0.075mm	每台拌和机每天 1 次,以 2 个试样的平均值评定	见表 A.19	T 0725 级配检验,关键筛孔与设计偏差
	≤2.36mm			
	≥4.75mm			
沥青用量(油石比)		每天 1 次,以 2 个试样的平均值评定	+0.1%,+0.1%	抽提 T 0722
马歇尔试验:空隙率、矿料间隙率、稳定度		每天 1 次,以 5 个试件的平均值评定	见表 A.20	T 0702、T 0709、JTG F40—2004 附录 B、附录 C
浸水马歇尔试验残留稳定度		检测一次	88.3%	T 0702、T 0709
冻融劈裂试验残留强度比		检测一次	83.2%	T 0729
谢伦堡沥青析漏试验结合料损失		检测一次,取 3 个试样的平均值	沥青析漏损失 0.05%	T 0732
肯塔堡飞散试验的混合料损失		检测一次	11.4%	T 0733
沥青膜厚度 h(μm)		每天 1 次,以 2 个试样的平均值评定	10.4,11.4	JTG F40—2004 附录 D

表 A.19　混合料级配偏差

级配类型	通过下列筛孔(mm)的质量百分率(%)										油石比
	13.2	9.5	6.3	4.75	2.36	1.18	0.6	0.3	0.15	0.075	
生产配合比	100.0	89.0	36.7	29.4	23.8	14.9	10.7	8.5	6.5	5.1	4.8
施工检测 1	100	85.2	34.8	27.2	23.6	15.2	11.2	9.2	7.2	5.3	4.9
偏差 1	0	-3.8	-1.9	-2.2	-0.2	+0.3	+0.5	+0.7	+0.7	+0.2	+0.1
施工检测 2	100	90.1	38.3	27.5	22.5	14.5	10.1	8.3	6.1	4.9	4.9
偏差 2	0	+1.1	+1.7	-1.9	-1.3	-0.4	-0.6	-0.2	-0.4	-0.2	+0.1

表 A.20 混合料马歇尔指标检测结果

试验项目	单位	检测结果	试验方法
空隙率 VV	%	16.1,15.9	T 0708
矿料间隙率 VMA	%	25.0,24.8	T 0705
沥青饱和度 VFA	%	35.1,35.5	T 0705
稳定度	kN	7.5,8.3	T 0709
理论最大相对密度	—	2.631,2.628	T 0711

A.8.2 实测项目

A.8.2.1 工程施工完毕后,实测项目及检测结果见表 A.21。

表 A.21 超薄磨耗层路面实测项目

检验项目		检验频率	检测结果	试验方法
平整度(IRI)		行车道连续检测,按 100m 计算	1.34、1.53、1.44、1.67、1.86、1.70、1.56、1.48、1.87、1.65、1.81、1.34、1.52、1.62、1.75、1.65、1.48、1.55、1.52、1.48	T 0933
渗水系数[a](mL/min)		每 200m 测 1 处	2727、1875、1764、1875、1666、2500、2307、2307、2000、2142	T 0971
抗滑	摆值 F_b (BPN)	每 200m 测 1 处	70、69、71、70、70、68、70、67、68、72	T 0964
	构造深度(mm)	每 200m 测 1 处	1.55、1.34、1.51、1.43、1.46、1.48、1.28、1.50、1.37、1.54	T 0961
厚度[b](mm)		双车道每 200m 测 1 处	20.1、19.5、21.0、18.8、20.0、20.5、22.6、19.7、19.3、23.1	T 0912
宽度(mm)		每 200m 检测 4 个断面	符合设计要求	T 0911
矿料级配		每台班一次	满足生产配合比要求	T 0725
沥青含量		每台班一次	满足生产配合比要求	T 0722、T 0721、T 0735
马歇尔稳定度		每台班一次	满足生产配合比要求	T 0709

[a] 现场测试渗水系数时,为避免试验过程堵塞路面空隙,测点选择靠近路面边缘 20cm ~ 50cm 的位置。测试时水从渗水仪边缘表面孔隙向上溢出或横向流出。

[b] 厚度检测属于破坏性试验,为避免在行车道轮迹位置检测,宜加强施工工艺控制,减少取芯数量。

A.8.3 外观鉴定

A.8.3.1 表面均匀平整、裂缝、松散、推挤、碾压轮迹、油丁、泛油、离析等现象。

A.8.3.2 搭接处烫缝无枯焦现象。

A.8.3.3 路面无积水现象。